AF503199

THÉOPHILE GAUTIER

SA BIBLIOGRAPHIE

PAR

M. MAURICE TOURNEUX

Ornée d'une eau-forte de M. H. Valentin

D'APRÈS LE PORTRAIT DE THÉOPHILE GAUTIER PEINT PAR LUI-MÊME

EN TENUE DES REPRÉSENTATIONS DE *Hernani* (1830)

PARIS

J. BAUR, LIBRAIRE-ÉDITEUR

11, RUE DES SAINTS-PÈRES, 11

MDCCCLXXVI

THÉOPHILE GAUTIER

MISE EN VENTE

100 exemplaires papier vergé.
10 chine.

THÉOPHILE GAUTIER

EN TENUE DES REPRÉSENTATIONS DE *HERNANI*.

Imp. Lemercier et Cie Paris.

THÉOPHILE GAUTIER

SA BIBLIOGRAPHIE

PAR

M. MAURICE TOURNEUX

Ornée d'une eau-forte de M. H. Valentin

D'APRÈS LE PORTRAIT DE THÉOPHILE GAUTIER PEINT PAR LUI-MÊME

EN TENUE DES REPRÉSENTATIONS DE *Hernani* (1830)

PARIS

J. BAUR, LIBRAIRE-ÉDITEUR

11, RUE DES SAINTS-PÈRES, 11

MDCCCLXXVI

AVERTISSEMENT

SUR LE PORTRAIT

« Je n'ai jamais mis mon gilet rouge qu'une fois ; je l'ai porté toute ma vie. »

Le mot est joli, mais inexact : non content d'endosser ce plastron agressif aux trente-deux premières représentations de *Hernani*, Gautier, accédant à des curiosités amicales ou féminines, se parait volontiers de son épouvantail pour dîner en compagnie, en l'an 1830.

C'est alors qu'il prit plaisir à jeter sur une planchette de cèdre la pochade dont nous donnons le fac-simile. Elle est gravée de la grandeur de l'original offert par le jeune enthousiaste à Mlle D., depuis Mme R., nièce de l'architecte Huyot. Tel il s'était signalé au Théâtre français : olivâtre sous la masse ténébreuse des cheveux

accumulés d'un seul côté de la tête, et la poitrine san-
glante. Et il avait produit son effet.

Nous avons pu voir chez M. A. P.-Malassis, aujour-
d'hui possesseur de cette curieuse peinture, un autre
portrait de Gautier, dessiné par lui-même à la mine de
plomb, signé et daté de novembre 1831, où il garde
encore la même coiffure. C'est aussi celle qu'on lui
trouve sur le médaillon de Jean Du Seigneur, modelé
au mois de juillet de la même année.

L'eau-forte reproduite en tête des *Portraits contemporains*, et qu'on croit être de 1833 (voir le n° 89 de la
Bibliographie), est la première de ses images où le
poëte se montre avec la chevelure à tous crins « de roi
franc ou de lion fauve, » flottant sur les épaules, qui
est restée légendaire, et dont il a pu se parer jusqu'au
bout.

I. — POÉSIES

1. Poésies de Théophile Gautier. Paris, Charles Mary; Rignoux, imp., 1830. In-12, 192 p.

Théophile Gautier a raconté que ce livre de début fut mis en vente en pleine Révolution de Juillet.

Vendu, J. Baur, 1874, mar. rouge (Allo), portrait et aut. aj., 60 fr.; L. de M., 1876, br. n. r., 104 fr.

2. A Jean Du Seigneur, Ode, par Théophile Gautier. Imp. A Barbier. In-8, 8 p. Au verso du faux-titre (il n'y a pas de titre) : Extrait du Mercure du xixe siècle, tome XXXV, 4e livraison.

Tirage à part de cette pièce de vers, datée de septembre 1831. M. Maurice Du Seigneur tient de son père que Gautier distribua lui-même chez ses divers fournisseurs, pour répandre sa jeune gloire, des paquets de ce tirage fait aux frais du journal.

3. Albertus ou l'âme et le péché, légende théologique, par Théophile Gautier. Paris, Paulin, 1833; imp. Ri-

gnoux. In-12, v-367 p. Eau-forte frontispice de Célestin Nanteuil.

Albertus se donnant au Diable. Un salon sombre. Véronique
attire Albertus sur un divan; l'ange s'envole à gauche dans la lu-
mière; à droite, Méphisto derrière une table chargée de flacons et de
verres.

Le livre se compose d'une préface datée d'octobre 1832, qui n'a plus
été réimprimée que dans la dernière édition des Poésies complètes
(voir le n° 14), des 190 p. du vol. de 1830, de vingt pièces nouvelles
et du poëme d'*Albertus* qui a donné son titre à cet ensemble.

Annoncé au prix de 5 fr. sur la couverture de *La Liberté, journal
des arts*, nov. 1832.

Il existe quelques épreuves d'un frontispice où le même sujet est
traité dans de moindres dimensions. Signé Célestin Nanteuil, 1832.

Vendu, Asselineau, 1874, mar. vert (Lortic), envoi d'auteur, 330 fr.;
L. de M., 1876, dos et coins mar. noir, n. r., 185 fr.

4. La Comédie de la Mort, par Théophile Gautier.
Paris, Desessart, 1838 ; imp. A. Everat. In-8, 376 p.
plus 3 de table. Vignette front. signée L. B. (Louis
Boulanger), gravée sur bois par Lacoste jeune.

Le poëte, drapé dans un manteau, amené devant la Chimère par une
femme nue, échevelée et couronnée de plantes funéraires.

Ce beau vol. a eu quelques ex. sur papier vélin, avec la vignette sur
chine libre.

Vendu, Liepmannsshon, 1870, demi-veau fauve, 40 fr. ; Amand, 1871,
mar. vert, avec dorure allégorique en mosaïque et un étui enveloppe
mar., 102 fr; Asselineau, 1874, mar. Lavallière (Amand), envoi d'auteur,
70 fr. ; L. de M., 1876, br. n. r., 55 fr.

5. Poésies complètes de Théophile Gautier. Albertus.
La Comédie de la Mort. Poésies diverses. Poésies nouvelles. Paris, Charpentier, 1845 ; imp. Crapelet. In-18,
370 p.

Albertus a subi de nombreux changements (surtout au début). Le sous-titre et la préface sont supprimés ; les pièces, rangées non plus dans l'ordre de leur composition, mais divisées en Elégies, Paysages, Intérieurs, Fantaisies, ont été remaniées par le poëte ; enfin, six pièces, parmi les plus singulières, ont été rejetées. Ce sont : Cauchemar, Farniente, Elégie II, Voyage, Sonnet VII, Colère.

6. Émaux et Camées, par Théophile Gautier. Paris, Eugène Didier, 1852 ; imp. Raçon. In-16, 106 p. et la table.

7. Émaux et Camées, par Théophile Gautier. Paris, Eugène Didier, 1853 ; imp. Raçon. In-16, 100 p. plus deux de table.

Seconde édition, bien que le titre ne l'indique pas. Elle a de plus que la première deux pièces qui terminent le volume : *les Néréides* et *les Accroche-cœurs*.

8. Théophile Gautier. Émaux et Camées, seconde édition augmentée. Paris, Poulet-Malassis et De Broise, 1858 ; même imp., à Alençon. In-12, 230 p.

Quelques ex. papier vergé.
Frontispice à l'eau-forte dessiné et gravé par E. Thérond ; en-têtes et culs-de-lampe, gravés en bois sur les dessins du même artiste. Le frontispice représente le portrait de Gautier au centre d'une orfévrerie où sont insérés des camées d'animaux symboliques des arts égyptien, persan et grec.
L'édition, indiquée comme la seconde, est en réalité la troisième ; elle a neuf pièces de plus que celle de 1853, mais *les Néréides* et *les Accroche-cœurs* ne s'y trouvent pas.
En 1863, le libraire Pincebourde écoula les derniers exemplaires avec un nouveau titre à son nom.

9. Théophile Gautier. Poésies nouvelles. (Émaux et

Camées. Poésies diverses. Théâtre en vers, etc.)
Paris, Charpentier, 1863; imp. Simon Raçon. In-18,
283 p.

Émaux et Camées ont ici onze pièces de plus que la troisième
édition et on a rétabli les deux pièces omises dans la seconde. Malgré
le titre, la division « Poésies diverses » n'existe pas. Le Théâtre en
vers a été repris dans le vol. intitulé *Théâtre*. Voir n° 58.

10. XV Décembre MDCCCXL. Imp. du *Journal
officiel*, MDCCCLXIX. A. Wittersheim et Cⁱᵉ. In-4,
16 p. papier vergé.

Vers datés du 29 avril 1869, signés Th. Gautier. C'est la paraphrase
d'un morceau de prose de Napoléon III (imprimé à la suite), daté de
Ham, 15 décembre 1840 ; cette sorte de dithyrambe, sur le retour des
cendres de Napoléon Iᵉʳ, a été réimp. telle quelle dans les *Poésies de
T. Gautier qui ne figureront pas dans ses œuvres* et dans les
Poésies complètes, tome II. Voir les nᵒˢ 13 et 14.

L'édition presque entière de cette pièce (44 ex. y compris les deux de
dépôt), a disparu, dit-on, dans l'incendie des Tuileries.

11. Théophile Gautier. Un douzain de sonnets. Pièces
diverses. Imp. Claye. In-4, 72 p.

Tirage à 4 ex. sur papier colombier extra-fort.

Recueil de douze sonnets et de quatre pièces diverses dédiés à la
princesse Mathilde, réimp. dans le tome II des *Poésies complètes*,
mais avec un classement différent. Voir n° 14.

12. Théophile Gautier. Émaux et Camées. Édition
définitive, avec une eau-forte par J. Jacquemart. Paris,
Charpentier, 1872 ; imp. Raçon. In-18, 228 p.

25 ex. papier vergé. L'eau-forte est un portrait de Gautier. Neuf
pièces de plus que dans l'édition de 1863.

13. Poésies de Théophile Gautier qui ne figureront pas dans ses œuvres, précédées d'une autobiographie ornée d'un portrait singulier. France, Imprimerie particulière, MDCCCLXIII. In-8, ii-84 p.

Au verso du faux-titre : Tirage à 150 ex. papier de Hollande et 12 sur chine; les derniers numérotés de 1 à 12.

Le portrait singulier est la reproduction à l'eau-forte d'une charge lithographiée de Benjamin Roubaud, de sa série du *Panthéon charivarique* de 1838; de plus, à la page 47, doit se trouver intercalée la musique gravée d'une marche funèbre de M. Ernest Reyer pour le convoi du maréchal Gérard, et qui accompagne en réalité quelques strophes célèbres dont le titre invite aux démangeaisons.

Ce recueil, discrètement annoté par un curieux des mieux informés, se compose de trois des pièces supprimées par l'auteur dans les réimpressions des premières *Poésies* et d'*Albertus*, et de *juvenilia* que le *Parnasse satyrique du* xixe *siècle* avait fait connaître en partie. Gautier y attachait de l'importance et aimait à les réciter; on en donne une preuve décisive.

Sous le titre de *Bonapartisme*, l'éditeur anonyme a réuni ensuite diverses pièces de commande impériale: Ode sur la naissance du Prince impérial, etc., etc. Quelques fantaisies conservées par les intimes complètent un ensemble qui eût fait sourire le poëte.

14. Théophile Gautier. Poésies complètes. Paris, Charpentier, 1875-1876; imp. Martinet. In-18, 2 v. tome Ier, iv-338 p.; tome II, 335 p.

L'avertissement signé M. D. (Maurice Dreyfous), expose le plan de cette édition. Le tome Ier renferme les *Poésies*, telles qu'elles furent publiées en 1830, avec la préface, les épigraphes, les pièces supprimées par l'auteur, *Albertus* et les poésies qui figurèrent, en 1838, à la suite de *la Comédie de la Mort*. Le tome II contient : *la Comédie de la Mort, Espana*, les *Poésies diverses* (1838-1845), conformes au texte de l'édition de 1845, enfin les pièces non réimprimées en volumes et les morceaux inédits dont on a retrouvé les autographes ou des copies authentiques.

La préférence arbitraire de l'arrangeur de cette édition, soi-disant complète, pour le texte primitif d'*Albertus* et des premières *Poésies*, donne un grand prix à l'édition des *Poésies complètes* de 1845, où les mêmes poëmes se trouvent revus et corrigés par l'auteur dans la maturité de son talent, et tels sans doute que, de son vivant, il les eût fait maintenir.

II. — ROMANS ET NOUVELLES

15. Les Jeunes-France, romans goguenards, par Théophile Gautier. Paris, Eugène Renduel, 1833; imp. Cosson. In-8, 352 p. et la table.

Préface. Sous la table. Onuphrius. Daniel Jovard. Celle-ci et celle-là. Elias Wildmanstadius. Le Bol de punch.

Eau-forte front. signée à gauche *Célestin Nanteuil, 1833*, représentant les principaux personnages du livre dans des compartiments reliés entre eux par des arabesques et des mascarons, et supportés par des syrènes; dans l'angle droit du haut, un page assis veille sur le médaillon de Victor Hugo.

Cette composition compliquée n'a dû être jointe qu'à un petit nombre d'exemplaires. La date (1833) se trouve tantôt sur l'eau-forte, tantôt sur le titre seulement; plus rarement sur le frontispice et sur le titre. Quelques exemplaires sont intitulés : *La Jeune-France*.

Vendu, Liepmannsshon, 1870, demi-mar. amaranthe (front. de Nanteuil), 140 fr.; J. Baur, 1874, mar. r. (fr. de Rops et portrait ajoutés), titre remonté par Vignat, 248 fr.; L. de M. (Galusky), 1876, dos et coins mar. rouge (Raparlier), fr. de Rops, 121 fr.

16. Mademoiselle de Maupin. Double amour. Par Théophile Gautier, auteur des Jeunes-France. Paris,

Eugène Renduel, 1836; imp. de Mme Poussin. In-8, 2 vol.; 351 et 356 p.

> La préface de 76 pages, datée de mai 1834, contient quelques passages supprimés dans toutes les réimpressions Charpentier. (Voir le n° 20.)
> C'est le livre de Gautier auquel on ait vu atteindre, régulièrement, les plus hautes enchères; 200 à 300 fr. dans ces dernières années, et sans doute davantage aujourd'hui.

17. L'Eldorado. Par Théophile Gautier, auteur des Jeunes-France et de Mademoiselle de Maupin. Paris, Publications du Figaro, 1837. In-8, 240 p. en tout.

> « Ce roman, dit Sainte-Beuve, parut d'abord dans le *Figaro*, chapitre par chapitre. On déchirait une feuille faisant partie du journal et cela devait former un livre. » Cette première édition n'a pas de préface et s'arrête au chapitre xix.
> Renseignement communiqué par M. Léonce Claverie, possesseur du seul exemplaire connu de cette curiosité.

18. Fortunio, par Théophile Gautier. Paris, Desessart, 1838; s. n. d'imp. In-8, iv-315 p. (La pagination arabe suit la pagination romaine.)

> *Le Capitaine Fracasse* est annoncé « sous presse » au verso du faux-titre.

19. Fortunio, par Théophile Gautier. Nouvelle édition. Paris, Delloye, 1840; s. n. d'imp. In-18, iii-235 p.

> Eau-forte frontispice anonyme de Trimolet, avec fond de paysage de Daubigny.

20. Mademoiselle de Maupin, par Théophile Gautier.

Nouvelle édition revue et corrigée. Paris, Charpentier,
1845 ; imp. Crapelet. In-18, 412 p.

Voir le nᵒ 16. Cette édition a eu depuis 1845 au moins douze réimpressions à la même librairie.

21. Nouvelles, par Théophile Gautier. Nouvelle
édition revue et corrigée. Paris, Charpentier, 1845 ;
imp. Crapelet. In-18, 439 p. et la table.

Fortunio. La toison d'or. Omphale. Le petit chien de la marquise. Le
nid de rossignols. La morte amoureuse. La chaîne d'or ou l'amant partagé. Une nuit de Cléopâtre. Candaule.
Édition souvent réimprimée.

22. Militona, par Théophile Gautier. Paris, Desessart,
1847, s. n. d'imp. In-8, 336 p.

Voir nᵒˢ 28 et 32.

23. Les roués innocents, par Théophile Gautier.
Paris, Desessart, 1847 ; s. n. d'imp. In-8, 346 p.

Voir les nᵒˢ 30 et 36.

24. Jean et Jeannette, par Théophile Gauthier (sic).
Paris, Baudry, s. d. ; Corbeil, typ. Crété. In-8, 2 vol.
320 et 312 p.

Voir les nᵒˢ 28 et 36.
Le 2ᵉ vol. se termine par Une aventure de bibliophile.

25. Les deux étoiles, par Théophile Gautier. Bruxelles,
Taride, 1848. Petit in-18, 2 vol. 134 et 152 p.

De la série de La Nouveauté littéraire. Ce roman, publié d'abord sous ce titre dans un journal, a été réimprimé sous les titres de *Partie carrée* et de *la Belle Jenny*. Voir nᵒˢ 26 et 39.

26. Partie carrée, roman, par Théophile Gautier. Paris, Hipp. Souverain, 1851 ; Lagny, imp. Vialat. In-8, 3 v., 303, 288 et 323 p.

Le 3ᵉ vol. se termine par Le club des Hachichins et Le chevalier double. Reproduction du roman intitulé *Les Deux Étoiles*, réimp. de nouveau sous le titre de *La Belle Jenny*. Voir nᵒ 25.

27. Théophile Gautier. Œuvres humoristiques. Les Jeunes-France. Sous la table. Onuphrius. Daniel Jovard. Celle-ci et celle-là. Wildmanstadius. Le bol de Punch. Une larme du Diable. Paris, Victor Lecou, 1851 ; imp. Schneider. In-18, 288 p.

Avertissement signé d'Arsène Houssaye. La préface des *Jeunes-France* ne renferme pas un paragraphe fameux qui n'a repris sa place que dans une réimpression récente de la librairie Charpentier, et qui commence ainsi :

« Il n'y a que trois états possibles dans une civilisation aussi avancée que la nôtre : voleur, journaliste ou mouchard ; etc.. etc. »

28. Un trio de romans, par Théophile Gautier. Paris, Lecou, 1852 ; Saint-Denis, typ. Prévot et Drouard. In-18, 355 p. avec la table.

Militona. Jean et Jeannette. Arria Marcella, souvenir de Pompéi.

29. Théophile Gautier. La peau de tigre. Paris, H. Souverain, 1852 ; imp. H. Vrayet de Surcy. (On lit à la fin des volumes, Saint-Germain-en-Laye, imp. Picault.) In-8, 3 vol. 307, 307 et 312 p.

Tome Iᵉʳ. La mille et deuxième nuit. Le pavillon sur l'eau. Deux acteurs pour un rôle. L'oreiller d'une jeune fille. En Espagne. (Octobre 1846.)

Tome II. En Espagne (suite). Le berger. Le pied de momie. Angela. Le garde national réfractaire.

Tome III. La tauromachie. La maison de mon oncle. Le portrait de Mme Jabulot. L'enfant aux souliers de pain. La pipe d'opium.

Voir n° **41**.

30. Théophile Gautier. Les roués innocents. Paris, Librairie nouvelle, 1853 ; imp. Raçon. In-16, 128 p. en tout.

Voir les n^{os} **23** et **36**.

31. Théophile Gautier. Celle-ci et celle-là. Paris, Eugène Didier, 1853 ; imp. Raçon. In-16, 92 p.

Réimpression expurgée de la quatrième nouvelle des Jeunes-France.
La même. Nouvelle édition. Lucerne (Bruxelles, Mertens pour Gay), 1864. In-12, 86 p., papier vergé.
200 ex., dont 2 sur peau vélin.
Réimp. sur l'édition Eug. Didier, avec suppressions.

32. Militona, par Théophile Gautier. Paris, Hachette, 1855 ; imp. Ch. Lahure. In-18, 178 p.

Édition plusieurs fois réimprimée.
Voir les n^{os} **22** et **28**.

33. Collection Hetzel. Avatar, par Théophile Gautier. Édition spéciale pour la France, interdite pour l'étranger. Paris, Michel Lévy, 1857 ; imp. J. Claye. In-32, 191 p.

Voir n° **37**.

34. Collection Hetzel. Jettatura, par Théophile Gautier.

Edition spéciale pour la France, interdite pour l'étranger. Paris, Michel Lévy, 1857; imp. J. Claye. In-32, 192 p.

Voir n° 37.

35. Le roman de la Momie, par Théophile Gautier. Paris, libr. Hachette, 1858; imp. Lahure. In-18; 1 f. pour la dédicace à Ernest Feydeau et 302 p.

Le même, nouvelle édition, Paris, Charpentier, 1873, in-18.

36. Jean et Jeannette. Les roués innocents, par Théophile Gautier. Paris, libr. Hachette, 1863; imp. Lahure. In-18, 319 p.

Voir les n°s 24 et 28.

37. Théophile Gautier. Romans et contes. Avatar. Jettatura. Arria Marcella. La mille et deuxième nuit. Le pavillon sur l'eau. L'enfant aux souliers de pain. Le chevalier double. Le pied de momie. La pipe d'opium. Le club des hachichins. Paris, Charpentier, 1863; imp. Raçon. In-18, 459 p. avec la table.

Voir les n°s 26, 28, 29, 33, 34.

38. Le capitaine Fracasse, par Théophile Gautier. Paris, Charpentier, 1863; imp. Bourdier. In-18, 2 vol. iv-376 et 382 p.

Publié dans la *Revue nationale.* Nombreuses réimpressions. Voir le n° 42.

39. La belle Jenny, par Théophile Gautier. Paris, Michel Lévy, 1865; imp. Vallée. In-18, 356 p.

Voir les nᵒˢ 25 et 26.
Nouvelle édition, Lévy, 1870, in-18.

40. Les Jeunes-France, romans goguenards, par Théophile Gautier. Frontispice dessiné et gravé par Félicien Rops. (Bruxelles.) Sur l'imprimé de Paris, 1833, à l'enseigne du Coq, 1866. In-18, xviii-221 p.

Edition tirée à 200 ex. papier vergé de Hollande, 5 sur chine, et à un plus grand nombre d'ex. en papier vélin, mais sans l'eau-forte. Elle a été réimprimée sur l'édition de 1851 avec préface atténuée, mais où le texte de *Celle-ci et celle-là* est conforme à l'édition originale.

Le frontispice de M. Rops représente, dans un décor d'architecture ogivale, les romantiques les plus célèbres, depuis Victor Hugo jusqu'à Charles Baudelaire, groupés autour d'une muse callipyge.

41. La peau de tigre, par Théophile Gautier. Paris, Michel Lévy, 1866; Poissy, typ. Bouret. In-18, 389 p. avec la table.

Deux acteurs pour un rôle. L'oreiller d'une jeune fille. Le berger. La cafetière (Angela, de la 1ʳᵉ éd.). L'âme de la maison (La maison de mon oncle, de la 1ʳᵉ éd.). Une visite nocturne. Sylvain. La fausse conversion. Le portrait de Mᵐᵉ Jabulot. Feuillets de l'album d'un jeune rapin. Monographie du bourgeois parisien. Le garde national réfractaire. Le maître de chausson. Le parfait gentleman. Le rat. De la mode. La Tauromachie. Voir nᵒ 29.

42. Théophile Gautier. Le capitaine Fracasse, illustré de 60 dessins par Gustave Doré. Paris, Charpentier, 1866; imp. Claye. Gr. in-8, 500 p. en tout.

Voir nᵒ 38.

43. Spirite, nouvelle fantastique, par Théophile
Gautier. Paris, Charpentier, 1866 ; imp. J. Claye. In-18,
235 p.

Dix ex. sur papier de Hollande.

44. Théophile Gautier. Les Jeunes-France, romans
goguenards, suivis de contes humoristiques. Paris,
Charpentier, 1873 ; imp. Raçon. In-18, xviii-369 p. et
la table.

La réimpression des *Jeunes-France* est entièrement conforme à
l'édition originale. Voir le n° 15.
Les Contes humoristiques sont empruntés aux deux éditions de *La
peau du tigre*. Voir les n°s 29 et 41.

III. — THÉATRE

45. Une larme du Diable, par Théophile Gautier.
Paris, Desessart, 1839 ; imp. E. Duverger. In-8, 376 p.

Une larme du Diable, mystère. La chaîne d'or ou l'amant partagé.
Omphale, histoire rococo. Le petit chien de la marquise. Le nid de
rossignols. La morte amoureuse. Une nuit de Cléopâtre.
Au verso du faux-titre, annoncés comme sous presse :
— Promenades de deux voyageurs enthousiastes, 1re livraison.
1 vol. in-8.
— Le capitaine Fracasse, 2 vol. in-8.

46. Giselle ou les Wilis, ballet fantastique en deux actes, par MM. de Saint-Georges, Théophile Gautier et Coraly ; musique de M. Adolphe Adam, décoration de M. Cicéri. Représenté pour la première fois sur le théâtre de l'académie royale de musique, le lundi 28 juin 1841. Paris, Mme Ve Jonas, 1841 ; imp. Pollet. In-8, 20 p.

47. Un voyage en Espagne, vaudeville en trois actes, par MM. Théophile Gautier et Paul Siraudin, représenté pour la première fois à Paris, sur le théâtre des Variétés, le 21 septembre 1843. Paris, Debroux et Tresse, 1843 ; imp. Mme de Lacombe. In-8 à 2 col., 28 p.

Du Répertoire dramatique des auteurs contemporains.

48. La Péri, ballet fantastique en deux actes, par MM. Théophile Gautier et Coralli. Musique de M. Burgmuller ; décors au 1er acte de MM. Séchan, Diéterle et Despléchin, au 2e acte de MM. Philastre et Cambon ; représenté pour la première fois par le théâtre de l'académie royale de musique, le lundi 22 février 1843. Paris, Ve Jonas, 1845 ; imp. Ve Dondey-Dupré. In-8, 15 p.

49. Le tricorne enchanté, bastonnade en un acte et en vers mêlée d'un couplet, par MM. Théophile Gautier et Siraudin, représentée pour la première fois à Paris, sur le théâtre des Variétés, le 7 avril 1845. Paris, Marchant, 1845 ; imp Ve Dondey-Dupré. In-8 à 2 col. figure sur bois en tête, au monogramme HF.

De la collection du Magasin théâtral.

50. La Juive de Constantine, drame anecdotique en cinq actes et six tableaux, par MM. Théophile Gautier et Noël Parfait; musique de Pilati, divertissement de M. Ragaine, décorations de M. Devoir, costumes dessinés par M. Alfred Albert, représenté pour la première fois sur le théâtre de la Porte-Saint-Martin, le 12 novembre 1846. Paris, Marchant; imp. Dondey-Dupré. In-8 à 2 col., figure sur bois en tête au monograme HF.

De la collection du Magasin théâtral.

51. Regardez, mais ne touchez pas. Comédie de cape et d'épée, en trois journées, par MM. Théophile Gautier et Bernard Lopez, représentée pour la première fois à Paris sur le second théâtre français (Odéon), le 20 octobre 1847. Paris, Michel Lévy, 1847, Poissy, imp. Olivier. In-18, 59 p.

52. Le Selam (scènes d'Orient), symphonie descriptive en cinq tableaux, poésie de M. Théophile Gautier, musique de M. Ernest Reyer, exécutée pour la première fois au théâtre italien, le 17 mars 1850. Paris, chez les marchands de musique, 1850; imp. Claye. In-18, 12 p.

Reimp. dans le Théâtre (1872; voir n° 58) avec suppression de deux chœurs au premier acte et réduction en quatre parties.

53. Paquerette, ballet-pantomime en 3 actes et 5 tableaux de MM. Théophile Gautier et Saint-Léon, musique de M. Benoist, décorations de MM. Desplechins, Cambon et Thiorry, représenté pour la première fois sur le théâtre de l'Opéra, le 15 janvier 1851. Paris, Vᵉ Jonas, 1851; imp. Vᵉ Dondey-Dupré. In-8, 24 p.

54. Gemma, ballet en deux actes et cinq tableaux, livret de M. Théophile Gautier, musique de M. le comte Gabrielli, chorégraphie de Mme Cerito, représenté pour la première fois à Paris, à l'académie impériale de musique, le 31 mai 1854. Paris, Michel Lévy, 1854; imp. Ve Dondey-Dupré. In-18, 18 p.

Le même, in-4°, 1860, ibid.; liv. 517 du Théâtre contemporain illustré.

55. Théophile Gautier. Théâtre de poche. Paris, Librairie nouvelle, 1855; imp. Raçon. In-18, 256 p.

Une larme du Diable. Une fausse conversion. Pierrot posthume. Le tricorne enchanté. Prologue de Falstaff. Prologue de réouverture de l'Odéon. Pierre Corneille.

56. Sacountala, ballet-pantomime en deux actes, tiré du drame indien de Calidasa; livret de M. Théophile Gautier, musique de M. Ernest Reyer, chorégraphie de M. Lucien Petipa, décors de MM. Martin, Nolan et Rubé; représenté pour la première fois à Paris sur le théâtre impérial de l'Opéra, le 14 janvier 1858. Paris, Ve Jonas, Michel Lévy, Tresse, 1858; imp. Bonaventure et Ducessois. In-8, 16 p.

57. La femme de Diomède. Prologue. Paris, imp. Napoléon Chaix, 1860. In-folio plano à 3 col., encadré.

Récité lors de l'inauguration de la maison pompéienne, avenue Montaigne.
Voir n° 58.

58. Théophile Gautier. Théâtre. Mystères, comédies

et ballets. Paris, Charpentier, 1872 ; imp. Raçon. In-18, 492 p. et la table.

Une larme du Diable. La fausse conversion ou Bon sang ne peut mentir. L'amour souffle où il veut. Pierrot posthume. Le tricorne enchanté. Prologue de Struensée. Prologue de Falstaff. Prologue d'ouverture de l'Odéon. Pierre Corneille, pour l'anniversaire de sa naissance. La femme de Diomède. Prologue de Henriette Maréchal. Le Selam. Giselle ou les Wilis. La Péri. Paquerette. Gemma. Yanko le bandit. Sacountala.

Cinquante ex. numérotés sur Hollande.

IV. — VOYAGES

59. Tra los montes, par Théophile Gautier. Paris, Victor Magen, 1843 ; imp. Maulde et Renou. In-8, 2 v., 314 et 376 p.

Dédicace à M. Eug. Piot.
Réimpr. à partir de 1845, chez Charpentier, sous le titre de *Voyage en Espagne*.

60. Voyage en Espagne, par Théophile Gautier. Nouvelle édition revue et corrigée. Paris, Charpentier, 1845 ; imp. Crapelet. In-18, 407 p.

Voir le n° précédent.

61. Zigzags, par Théophile Gautier. Paris, Victor

Magen, 1845; imp. Dondey-Dupré. In-8, 354 p. et la table.

Un tour en Belgique. Une journée à Londres. Pochades, zigzags et paradoxes. Venise. Voyage hors barrières.

L'article sur Venise a été écrit avant que Gautier ait vu cette ville, pour accompagner une gravure d'un keepsake intitulé *Le Landscap français*.

Voir le n° 63.

62. Théophile Gautier. Les fêtes de Madrid à l'occasion du mariage de S. A. R. le duc de Montpensier. Paris, rue Neuve-des-Petits-Champs, 50, 1847 ; typ. Hennuycr, à Batignolles. In-4, 28 p.

Extrait du *Musée des familles* où cette relation a paru en deux articles, décembre 1846, janvier 1847, sous le titre de *Voyage en Espagne* (10 *novembre* 1846).

63. Théophile Gautier. Caprices et zigzags. Paris, Victor Lecou, 1852; Saint-Denis, imp. Prévot et Drouard. In-18, 352 p. avec la table.

Le chapitre *Venise* a été supprimé dans cette 2ᵉ édition des Zigzags, qui contient de plus que la première : Gastronomie britannique. Les races d'Ascot. En Chine. L'Inde. Chiens et rats. Paris futur. Une visite chez Mérodach-Baladan. Les bayadères.

— Les mêmes, seconde et troisième éd., Paris, Hachette, 1856 et 1865.

Voir n° 61.

64. Théophile Gautier. Italia. Paris, Victor Lecou, 1852; Saint-Denis, typ. Prévot et Drouard. In-18, 364 p.

Seconde et troisième éditions, Paris, lib. Hachette, typ. Lahure, 1855 et 1860, in-18.

Voir le n° 69.

65. Constantinople, par Théophile Gautier. Paris,
Lévy, 1853; imp. Raçon. In-18, 366 p.

— Nouvelle éd., 1865, in-18.

66. Quand on voyage, par Théophile Gautier. Paris,
Michel Lévy, 1865; Poissy, typ. Bouret. In-18, 353 p.
avec la table.

Cherbourg : Inauguration du bassin Napoléon. Le mont Saint-Michel.
Course de taureaux à Saint-Esprit. Wiesbaden. Stuttgart. Baden.
Venise. Florence. El ferro carril : Inauguration du chemin de fer du nord
de l'Espagne. Une promenade au hasard.

67. Loin de Paris, par Théophile Gautier. Paris,
Lévy, 1865; Poissy, typ. Bouret. In-18, 369 p. avec la
table.

En Afrique : I. De Paris à Marseille. II. Traversée. III. Alger, intra
muros. IV. Alger, extra muros. V. Les Aïssaoua. VI. La danse des
Djinns. VII. Inauguration du chemin de fer de Blidah.
En Espagne : Courses royales de Madrid. En Grèce. I. Le Parthénon.
II. Le temple de la Victoire aptère. III. L'Erechtheum, le temple de
Minerve poliade, le Pandrosium.
Ce qu'on peut voir en six jours : I. Le lac de Neuchâtel. II. De Berne
à Strasbourg. III. Heidelberg, Mannheim. IV. Le Rhin. Dusseldorf.
V. Rotterdam, la Haye, Scheveningue. VI. La Haye, Dordrecht, Anvers,
Bruxelles.
Annoncé d'abord sous le titre de *En Grèce et en Afrique*, *Loin de
Paris*, contient les quelques chapitres écrits pour une grande publi-
cation sur l'Algérie française, projetée par M. Hetzel.
Voir dans le *Musée universel* (tome Ier, p. 225), un article de
M. Paul Parfait sur ce voyage, fait en compagnie de son père, et le fac-
similo d'un feuillet du manuscrit de Gautier.

68. Voyage en Russie, par Théophile Gautier. Paris,

Charpentier, 1867; typ. Bourdier. In-18, 2 v. Tome Ier, 400 p. et la table; tome II, 293 p. et la table.

— Le même. Nouvelle édition, Charpentier, 1875, in-18.

69. Théophile Gautier. Voyage en Italie. Nouvelle édition revue et considérablement augmentée. Paris, Charpentier, 1875; imp. Raçon. In-18, 366 p. en tout.

Réimpression d'*Italia*, augmentée d'un chapitre sur Florence. Voir n° 64.

V. — BEAUX-ARTS

(HISTOIRE ET CRITIQUE)

70. Salon de 1847, par Théophile Gautier. Paris, Hetzel, Warnod et Cie, 1847; imp. Lacrampe fils. In-16, 223 p. en tout.

71. Marilhat, par Théophile Gautier. Imp. Gerdès. In-8.

Extrait de la *Revue des Deux Mondes* du 1er juillet 1848. Réimp. dans *L'Art moderne* (voir n° 73) et dans les *Portraits contemporains* (voir n° 89), où tout le dernier paragraphe a été supprimé.

72. Les Beaux-Arts en Europe, 1855, par Théophile

Gautier. Paris, Michel Lévy frères, 1855 ; imp. Raçon.
In-12 ; 2 vol, 318 p. et 320 p.

Quarante-huit articles sur les arts à l'exposition universelle de 1855, plus cinq articles sur des peintures murales (chapelle des fonts baptismaux à Saint-Roch, par Chassériau ; Notre-Dame-de-Lorette, chapelles de la Vierge, par V. Orsel, et de l'Eucharistie, par Périn ; salon de la Paix, à l'Hôtel de ville, par Delacroix ; coupole de la Madeleine, par Ziégler, et deux articles sur les aquarelles de M. Th. Valério.

73. L'Art moderne, par Théophile Gautier. Paris, Lévy frères, 1856 ; imp. Bonaventure et Ducessois. In-12, 303 p. et la table.

Le Panthéon (Peintures murales). Marilhat. Du beau dans l'art. Shakespeare aux Funambules. Le théâtre à Munich. Pierre de Cornélius. La nouvelle Pinacothèque. Théâtre de Psi de Cassiopée. L'apothéose de Napoléon.

74. Abécédaire du Salon de 1861, par Théophile Gautier. Paris, E. Dentu, 1861 ; typ. Panckouke. In-12, 417 p. en tout.

Imprimé sur la composition du *Moniteur*.

75. Photosculpture, 42, boulevard de l'Étoile, 42. Paris, imp. Paul Dupont, 1864. In-8, 14 p.

Signé Théophile Gautier.
Extrait du *Moniteur universel* du 4 janvier 1864.

76. Les Sommités contemporaires. Beaux-Arts, littérature, science. Portraits dessinés par Mouilleron, gravés par J. Robert, d'après les photographies de Bertall, accompagnés de notices biographiques par nos

meilleurs écrivains. Paris, A. Marc, 1868; imp. de
l'Illustration. 2° livraison. In-folio, 4 p. encadrées.

Notice sur Barye, réimp. dans l'*Histoire du Romantisme*. Voir
n° 83.

VI. — HISTOIRE ET CRITIQUE LITTÉRAIRES

ET DRAMATIQUES

77. Les Grotesques, par Théophile Gautier. Paris,
Desessart, 1843; imp. F. Didot. In-8, 2 vol.

Tome Ier, 331 p. et la table : F. Villon, Scalion de Virbluneau. Théophile.
Pierre de Saint-Louis. Saint-Amand. Cyrano. Tome II, 326 p. et la table :
Colletet, Chapelain. Georges de Scudery. Scarron. Post-face. Au verso
du faux-titre sont annoncés sous presse : L'Arche de Noé, par Th. Gautier.
2 v. in-8. Zig zags (*sic*) par le même. In-8. La post-face du tome II
est devenue la préface de la réimpression des *Grotesques*, chez Lévy.

78. Les Grotesques, par Théophile Gautier. Paris,
Michel Lévy, 1853; Corbeil, typ. Crété. In-18, xv-
402 p. avec la table.

Voir le numéro précédent.
— Les mêmes, nouvelles éditions, 1859 et 1871.

79. Théophile Gautier. Histoire de l'art dramatique
en France depuis vingt-cinq ans. Paris, Édition Hetzel,

libr. Magnin, Blanchard et Cie, 1858 ; Bruxelles, typ.
Ve J. Van Buggenhoudt. In-12, 6 vol. Tome Ier, III-
367 p. ; tome II, 364 p. ; tome III, 349 p. ; tome IV,
419 p. ; tome V, 328 p. ; tome VI, 352 p.

Chaque vol. est terminé par une table des noms et titres cités.

Réunion d'articles due à M. Noël Parfait, alors exilé. Ainsi que l'indique l'avertissement des éditeurs, ce recueil est un choix et non l'ensemble des feuilletons dramatiques de la *Presse*.

80. Honoré de Balzac, par Théophile Gautier, édition
revue et augmentée, avec un portrait gravé à l'eau-
forte par E. Hédouin. Paris, Poulet-Malassis et De
Broise, 1859 ; Alençon, même imp. In-12, 177 p.

Dix ex. sur vergé et deux sur chine. Ce livre contient les fac-similé
de la dernière lettre de Balzac à Th. Gautier et d'une lettre à Levavasseur,
premier éditeur de la *Physiologie du mariage*. M. Edm. Hédouin avait
gravé un premier portrait, de profil, que l'éditeur refusa et qui n'a été
tiré qu'à une dizaine d'épreuves.

L'étude de Gautier avait paru d'abord dans le *Moniteur*. Il ajouta à
ce travail trente-deux lignes commençant, p. 88, par ces mots : *Trait
caractéristique*, et finissant p. 89, par ceux-ci : *de bonne grâce*.
C'est cette adjonction qui justifie le sous-titre du livre : édition revue
et augmentée. Elle a été omise dans la réimpression Charpentier des
Portraits contemporains. Voir n° 89.

81. Les Sommités contemporaines ; etc., etc. (voir
n° 76). Paris, Aug. Marc, 1867 ; imp. de l'Illustration,
1re livraison. In-folio, 8 p. encadrées.

Notice sur Gautier par lui-même, réimp. dans le *Panthéon du
XIXe siècle*, dans les *Poésies de Th. Gautier qui ne figureront pas
dans ses œuvres* et dans les *Portraits contemporains*. Voir les
n°s 13 et 89.

82. Histoire du Romantisme, par Théophile Gautier.

Première partie. Paris, bureaux du Bien public ; imp.
Dubuisson, 1872. In-8, 32 p. à deux col.

Tirage à part des premiers articles de ce livre inachevé.

83. Théophile Gautier. Histoire du Romantisme
suivie de notices romantiques et d'une étude sur la
poésie française, 1830-1868, avec un index alphabétique.
Paris, Charpentier, 1874 ; imp. Raçon. In-18, VI-
410 p.

Après l'avertissement signé M. D. (Maurice Dreyfous) vient l'*Histoire
du Romantisme*, telle qu'elle fut publiée dans le *Bien public ;* sous
le titre de *Notices romantiques*, l'éditeur a rassemblé outre trois
comptes-rendus des reprises d'*Hernani*, de *Chatterton* et d'*Antony*,
et un article sur la vente du mobilier de Victor Hugo, divers feuilletons écrits après les décès de Gérard de Nerval, A. de Vigny,
F. Mallefille, N. Roqueplan, Bouchardy, Soumet, C. Roqueplan, Delacroix, Eug. Devéria, Flers, Louis Boulanger, Th. Rousseau, Monpou,
Berlioz, Marie Dorval, Frédérick Lemaître, Bocage, Mlle Georges, et
un article qui accompagnait le portrait de Barye dans les *Sommités
contemporaines* de M. Marc. Le vol. se termine par la reproduction
du rapport sur les progrès de la poésie (voir n° 135) et par une table
des noms cités.

84. Portraits et souvenirs littéraires, par Théophile
Gautier. Gérard de Nerval, Mme de Girardin, Henri
Heine, Ch. Baudelaire, Achim d'Arnim. Paris, Lévy,
1875 ; Châtillon-sur-Seine, imp. Cornillac. In-18, 319 p.
et la table.

Réunion des notices imprimées en tête des œuvres de ces divers
écrivains, éditées par M. Lévy.

VII. — VARIÉTÉS

85. De la mode, par Théophile Gautier. Paris, Poulet-Malassis et De Broise, 1858 ; Alençon, même imp. Petit in-18, 34 p. encadrées de filets rouges.

Tiré à 30 ex., papier vergé et papier de Chine.
Article extrait de *l'Artiste*. Voir le n° suivant.

86. Journal des Dames et Messager des Dames et des Demoiselles. In-8, 16 p., papier rose pâle. Imp. Bonaventure et Ducessois.

Il n'y a qu'un titre de départ portant : De la mode, par M. Théophile Gautier.

Au verso du premier titre une longue note intitulée : *A nos abonnées* (signée Ch. R., à la main, sur l'ex. de la Bibliothèque), consacrée à l'éloge de *l'Artiste* et à celui de Gautier.

De la mode a été réimp. dans *La peau de tigre*, 2° édition. Voir le n° 41.

87. Théophile Gautier. Ménagerie intime. Paris, Alph. Lemerre, 1869 ; imp. Claye. In-18, 114 p. et la table.

Quelques exemplaires papier vergé.

88. Théophile Gautier. Tableaux du siége. Paris, 1870-

1871. Paris, Charpentier, 1871 ; imp. Raçon. In-18,
376 p.

Réunion d'articles parus dans le *Journal officiel* et la *Gazette de
Paris*.
Douze ex. numérotés sur Hollande.

89. Théophile Gautier. Portraits contemporains.
Littérateurs, Peintres, Sculpteurs, Artistes dramatiques, avec un portrait de Th. Gautier d'après une
gravure à l'eau-forte par lui-même vers 1833. Paris,
Charpentier, 1874 ; imp. Raçon. In-18, 464 p.

Th. Gautier (Voir n° 81). Alph. Karr. Sophie Gay. Henry Monnier.
Béranger. Brizeux. Honoré de Balzac (Voir n° 80). Henry Murger. Méry.
Léon Gozlan. Ph. Boyer. Baudelaire. Louis de Cormenin. Lamartine. L.
Bouilhet. Paul de Kock. Jules de Goncourt. Jules Janin. Albert Glatigny.
Denecourt. (Voir n° 123.) A. C. de Laberge. Tony Johannot. Grandville.
Marilhat. (Voir n° 71.) Théod. Chassériau. Ziegler. Ingres. P. Dela-
roche. Ary Scheffer. Horace Vernet. E. Delacroix. H. Flandrin. Ga-
varni. Joseph Thierry. Hébert. E. Appert. Dauzats. Gabriel Tyr.
Simart. David d'Angers. Fanny Essler. Georges. Mlle Juliette. Jenny
Colon-Leplus. Suzanne Brohan. Damoreau. Falcon. Dorval. Ida Ferrier.
Anna Thillon. Carlotta Grisi. Mlle Mars. Vernet. Odry. Rachel. Emma
Livry. Rouvière. Provost. Mme Sontag.

VIII. — TEXTES DE PUBLICATIONS

ILLUSTRÉES

90. Œuvres choisies de Gavarni, revues, corrigées et
nouvellement classées par l'auteur. Etudes de mœurs

contemporaines. Les enfants terribles. Traductions en
langue vulgaire. Les lorettes. Le actrices. Avec des
notices en tête de chaque série, par MM. Théophile
Gautier et Laurent-Jan. Paris, Hetzel, 1846; typ.
Schneider et Langrand. In–8.

Th. Gautier a signé les notices sur Gavarni, les Enfants terribles et
les Actrices.

91. Trésors d'art de la Russie ancienne et moderne,
par Théophile Gautier, ouvrage publié sous le patronage
de sa Majesté l'empereur Alexandre II, dédié à sa
Majesté l'impératrice Marie-Alexandrowna. 200 planches
héliographiques, par Richebourg. Paris, Gide, 1859;
imp. Claye. In–folio atlantique.

Saint-Isaac. Palais impérial de Tsarkoé-Sélo, 19 p. Arsenal de
Tsarkoé-Sélo, 34 p.

92. Les Vosges, par J.-J. Bellel. Vingt dessins
d'après nature, lithographiés par J. Laurens. Texte
descriptif par Théophile Gautier. Paris, A. Morel, 1860;
imp. Claye. In–folio; 15 pages de texte, 4 pour la liste
des souscripteurs et les planches.

93. Dessins de Victor Hugo, gravés par Paul Chenay,
texte par Théophile Gautier. Pàris, Castel, 1863; imp.
Claye. In–4, 30 p. avec la table.

Le texte de Gautier, 22 p.; 6 p. pour une lettre de Victor Hugo.

94. Les douze mois, dernière œuvre de Gavarni.
Paris, A. Marc, éditeur de l'Illustration, 1869. In–folio.

Notice de 2 pages à 2 col.

95. La Nature chez elle, par Théophile Gautier.
Eaux-fortes de K. Bodmer. Auguste Marc, éditeur. Paris,
imp. de l'Illustration, 1870. In-folio, 139 p., papier
teinté.

IX. — PRÉFACES, NOTICES ET INTRODUCTIONS

96. La Couronne de bleuets, par Arsène Houssaye.
Une moralité et une vignette par Théophile Gautier.
Paris. II. Souverain, 1836 ; imp. Crété à Corbeil. In-8,
2 f. de titre et 388 p.

Frontispice à l'eau-forte, signé à gauche : Th. Gautier ; cartouche
composé de deux mascarons, deux femmes nues, deux sphinx de
profil, deux syrènes, au milieu duquel on lit : La couronne de bleuets,
par Arsène Houssaye.
La Moralité, pages 369-388.

97. La Turquie. Mœurs et usages des Orientaux au
xix° siècle, scènes de la vie intérieure et publique,
harems, bazars, cafés, bains, danses et musique, cou-
tumes levantines, etc., dessinés d'après nature par
Camille Rogier, avec une introduction par Théophile
Gautier et un texte descriptif. Paris, Gide, 1846 ; imp.
Plon. In-folio.

Devait paraître en dix livraisons. Il en a paru une seule, comprenant
un titre, une dédicace au duc de Montpensier, 3 p. d'introduction,
17 de texte et 25 planches lithographiées.

98. Édouard Fournier. Paris démoli. Deuxième édition revue et augmentée, avec une préface par M. Théophile Gautier. Paris, A. Aubry, E. Dentu, 1855; imp. Delcambre. In-12, LIX-372 p.

La préface de Gautier est un article du *Moniteur* du 21 janvier 1854.

99. La Turquie pittoresque, histoire, mœurs, description, par W. A. Duckett. Préface par Théophile Gautier. Illustrée de vingt gravures sur acier, représentant les vues et monuments les plus remarquables de Constantinople et du Bosphore. Paris, Lecou, 1855 ; Corbeil, imp. Crété. In-8, XVIII-304 p.

100. Gérard de Nerval. Le rêve et la vie. Paris, Lecou, 1855; typ. Raçon. In-18, 359 p.

Deux notices par Th. Gautier et A. Houssaye. La première, datée du 25 janvier 1855, est empruntée à *la Presse*, la seconde à *l'Artiste*.

101. Auguste de Chatillon. Chant et Poésie, précédés d'une préface, par Théophile Gautier. Paris, Dentu, 1855; Montmartre, imp. Pilloy. In-18, VIII-136 p.

Réimp. sous le titre de :
A la Grand'Pinte, poésies par Auguste de Chatillon, avec une préface par Théophile Gautier. Deuxième édition très-augmentée. Paris, Poulet-Malassis et De Broise, 1860; Alençon, même imp. In-12, 213 p. en tout.

102. Achim d'Arnim. Contes bizarres, traduction de Th. Gautier fils, avec une introduction, par Th. Gautier. Paris, Michel Lévy, 1856; imp. Morris. In-18, IV-313 p.

103. Mme Émile de Girardin. Le vicomte de Launay, lettres parisiennes, avec une notice par Théophile Gautier. Paris, Lévy frères, 1856. In-18, 4 vol.

La notice a été réimp. dans les *Portraits et souvenirs littéraires* et dans un vol. imprimé pour le *bout de l'an* de Mme de Girardin.
Voir n°s 84 et 124.

104. Reisebilder. Tableaux de voyage, par Henri Heine. Nouvelle édition, revue, considérablement augmentée et ornée d'un portrait de l'auteur, précédée d'un notice sur Henri Heine, par Théophile Gautier. Paris, Lévy, 1858; typ. Vialat. In-18, 2 vol., 384 et 376 p.

105. Aventures du baron de Münchhausen, traduction nouvelle par Théophile Gautier fils, illustrées par Gustave Doré. Paris, Charles Furne, s. d. [1862]; imp. Claye. In-4, 238 p. en tout.

Préface de deux pages et demie de Th. Gautier père.

106. G. J. Whyte-Melville. Les Gladiateurs. Rome et Judée. Roman antique, traduit de l'anglais, par Ch. Bernard Derosne, avec préface, par Théophile Gautier. Paris, Didier, 1864; imp. Poupart-Davyl. In-18, 2 vol., xvi-440 et 408 p.

107. Edmond et Jules de Goncourt. Henriette Maréchal, drame en trois actes et en prose, représenté pour la première fois sur le Théâtre-Français, le 5 décembre 1865, précédé d'une histoire de la pièce. Paris,

Libr. internationale, 1866 ; imp. Poupart-Davyl. In-8, 142 p.

Prologue de Th. Gautier, p. 21-23, reproduit dans les *Poésies nouvelles* et dans le *Théâtre*. Voir nᵒˢ 9 et 58.

108. Catalogue des tableaux de l'école française, composant la collection de M. Boitelle, sénateur, ancien préfet de police, dont la vente aura lieu Hôtel Drouot, salle nᵒ 7, les mardi 24 et mercredi 25 avril 1866, à deux heures. Mᵉ Ch. Pillet, commissaire-priseur, assisté de M. Horsin-Déon, peintre, et de M. Haro, expert. Imp. Pillet. Gr. in-8, ix-63 p.

La préface de Gautier a neuf pages.

109. Faust et le second Faust de Gœthe, suivis d'un choix de Ballades et de Poésies de Gœthe, Schiller, Burger, Klopstock, etc., etc., traduits par Gérard de Nerval, précédés d'une notice par Théophile Gautier. Paris, Michel Lévy, 1868 ; imp. Ch. Lahure. In-18, xxviii-482 p.

Tome Iᵉʳ d'une édition inachevée des OEuvres complètes de Gérard. Notice datée du 2 novembre 1867, jour des morts.

110. Les Fleurs du mal, par Charles Baudelaire, précédées d'une notice, par Théophile Gautier. Paris, Lévy, 1868 ; imp. Claye. In-18, 411 p. avec la table.

Tome Iᵉʳ des OEuvres complètes de Baudelaire.

111. Collection des tableaux anciens et modernes de

Son Exc. Khalil–Bey. Vente Hôtel Drouot, salle nᵒ 8, les 16, 17 et 18 janvier 1868. Mᵉ Ch. Pillet assisté de M. F. Petit, expert. Typ. Panckouke, 1867. In-8, 63 p.

Préface de Th. Gautier, p. 5-26.

112. Catalogue de 34 aquarelles par Ziem, dont la vente aura lieu Hôtel Drouot, salle nᵒ 3, le lundi 21 décembre 1868, à 3 heures et demie précises. Mᵉ Boussaton, commissaire-priseur, assisté de M. Durand-Ruel, expert. Imp. Claye. In-8, 20 p., papier teinté.

La préface de Th. Gautier a 8 pages.

113. Catalogue de tableaux, aquarelles, dessins, bronzes, etc., etc., offerts par tous les artistes à M. Anastasi, leur confrère, frappé de cécité, dont la vente aura lieu, Hôtel Drouot, les 5 et 6 février 1872. Mᵉ Boussaton, commissaire-priseur, assisté de M. F. Petit, expert. Imp. Claye. In–8, xII-34 p.

La préface de Gautier a 10 pages.

114. Catalogue des tableaux modernes qui composent la collection de M. Edwards, dont la vente aura lieu, Hôtel Drouot, le lundi 7 mars 1870. Mᵉ Escribe, commisseur-priseur; M. Haro, expert. Imp. J. Claye. In-8, 119 p.

En tête trois articles de J. Janin, Th. Gautier (extrait du *Journal officiel*) et P. de Saint-Victor.

115. Œuvres de Henri Regnault, exposées à l'école

des Beaux-Arts. Paris, s. d. (1872). Imp. Claye. In-12,
89 p.

La notice de Gautier, composée d'articles parus à diverses dates, a
47 p.

116. Emile Bergerat. Peintures décoratives de Paul
Baudry, au grand foyer de l'Opéra. Étude critique avec
une préface par Théophile Gautier. Paris, Lévy frères,
1875 ; imp. J. Claye. In-18, ii-150 p.

La préface de Gautier est la réimpression d'un article paru dans la
Gazette de Paris de novembre 1871.

X. — PUBLICATIONS COLLECTIVES

117. Beautés de l'Opéra ou Chefs-d'œuvre lyriques,
illustrés par les premiers artistes de Paris et de Londres,
sous la direction de J. B. P. Giraldon, avec un texte
explicatif, rédigé par Théophile Gautier, Jules Janin et
Philarète Chasles. Paris, Soulié, 1845 ; imp. Lacrampe.
Gr. in-8.

Encadrements en couleurs, vignettes sur bois et dix gravures an-
glaises sur acier pour les dix livraisons dont chacune a une pagination
particulière.
Th. Gautier a signé les notices sur *les Huguenots, Giselle, le
Barbier de Séville, le Diable boiteux* et *Norma*.

118. La croix de Berny, par le vicomte Charles de Launay, Théophile Gautier, Jules Sandeau, Méry. Paris, Pétion, 1846 ; Sceaux, imp. Dépée. In-8, 2 vol., 310 et 342 p.

Mme de Girardin signait : Irène de Chateaudun ; Th. Gautier : Edgard de Meilhan ; Jules Sandeau : Raymond de Villiers ; Méry : Roger de Montbert. Voir n° 132.

119. Les noces de Cana, de Paul Véronèse, gravure au burin, par Z. Prévost, notice par Th. Gautier, précédée de la biographie de Paul Véronèse, par Frédéric Villot. Paris, Goupil, s. d. [1852]. In-8.

120. Th. Gautier, Laurent Pichat, Ed. Delessert, Louis Ulbach, Perron, Louis de Cormenin, Ad. Gaiffe, Louis Jourdan, Maxime Du Camp. Salmis de nouvelles. Paris, Librairie nouvelle, 1853 ; imp. Raçon. In-18, 354 p. et la table.

Les Aïssaoua. Le bourgeois fantôme. La double aumône. Une élection à Sparte. Argine Picquet. Joseph, fils de Jacob. Les féeries de la science. Le serment de Tranio. Le jour de morts. Tagahor.

Réunion de nouvelles et d'articles parus dans les deux premières années de la *Revue de Paris*.

Pour l'article de Gautier, les Aïssaoua, voir le n° 67.

121. Froment-Meurice. Rapports officiels des jurys : MM. d'Albert duc de Luynes, Héricart de Thury, Denière, Wolowski. Revues et Journaux : Victor Hugo, Jules Janin, Th. Gautier, F. de Lasteyrie, Alph. de Calonne. Paris, imp. Raçon, 1855, in-8, 74 p. avec la table.

Pp. 35-40, article de Gautier, extrait de la Presse du 17 juin 1844 : *Exposition de l'Industrie.*

122. Deburau, par Jules Janin, Gérard de Nerval, Eug. Briffaut, Th. Gautier, Albert Monnier, etc., etc. Paris, imp. Kugelmann. In-8, 16 p.

La part de chaque auteur n'est pas indiquée dans cette brochure, composée de citations sans guillemets.

123. Hommage à C.-F. Denecourt. Fontainebleau. Paysages, Légendes, Souvenirs, Fantaisies. Paris, Hachette, 1855; imp. Raçon. In-12.

P. 346-351. Article de Th. Gautier : Portrait de M. Denecourt sous le sobriquet de Sylvain, *dieu en exil*, cru mort depuis deux mille ans. Réimp. dans les *Portraits contemporains.* Voir n° 89.

124. 29 juin 1855. Madame de Girardin, née Delphine Gay. 29 juin 1856. Paris, imp. Serrière, 1856. In-12, 194 p.

Recueil imprimé pour le *bout de l'an* de Mme de Girardin et non mis dans le commerce. Articles et discours de Lamartine, Jules Janin, Th. Gautier, P. de Saint-Victor, A. de Pontmartin, l'abbé Mitraud, etc. L'article de Gautier, extrait du *Moniteur*, a été réimp. en tête du *Vicomte de Launay*, de Mme de Girardin, et dans les *Portraits et souvenirs littéraires.* Voir n°s 84 et 103.

125. Paris et les Parisiens au xixe siècle. Mœurs, Arts et Monuments. Texte par MM. Alexandre Dumas, Th. Gautier, Arsène Houssaye, Paul de Musset, Louis Enault et Du Fayl. Illustrations par MM. Eugène Lami, Gavarni et Rouargue. Paris, Morizot, 1856 ; imp. Gratiot. In-8.

Th. Gautier a signé l'Introduction et les articles : Études philosophiques. Mosaïque de ruines. Le nouveau Paris. Le Louvre. Les musées.

126. Paris qui s'en va et Paris qui vient. Vingt-six eaux-fortes par Léopold Flameng. Paris, Cadart, 1860. In-folio à deux col.

Texte par Th. Gautier, Alfred Delvau, Marc Bayeux, Castagnary.
La maison pompéienne du prince Napoléon par Th. Gautier. Réimp. dans une brochure collective. Voir n° 133.

127. Les poëtes français, recueil des chefs-d'œuvre de la poésie française depuis les origines jusqu'à nos jours, avec une introduction par M. Sainte-Beuve et des notices littéraires sur chaque poëte. Paris, Gide et Hachette, 1861-63 ; imp. Claye. In-8, 4 vol.

Tome IV, une notice de Gautier sur Baudelaire, reprise et complétée dans l'introduction aux œuvres complètes du poëte des *Fleurs du mal.* Voir n° 110.

128. Henry Murger. Les nuits d'hiver, poésies complètes suivies d'Etudes sur Henry Murger, par MM. J. Janin, Th. Gautier, P.-A. Fiorentino, A. Houssaye, P. de Saint-Victor. Paris, Lévy frères, 1861 ; imp. Claye. In-18, 288 p.

L'article de Gautier, extrait du *Moniteur*, se retrouve dans les *Portraits contemporains*. Voir n° 89.

129. Les dieux et les demi-dieux de la peinture, par MM. Théophile Gautier, Arsène Houssaye et Paul de Saint-Victor, illustrations par M. Calamatta. Paris, Morizot, 1864 ; in-8, 440 p.

Vingt-deux notices ; aucune n'est signée.

130. L'obole des conteurs, par MM. Jules Simon,

Th. Gautier, Michel Masson, Méry, Albéric Second, etc.
Paris, Hachette, 1864 ; imp. Lahure. In-18, 520 p.

Recueil de morceaux choisis publié par la société des gens de lettres pour venir en aide aux ouvriers cotonniers. Th. Gautier n'est représenté que par deux pièces de vers : *Les lions comédiens* et *l'Arabe et la mer*.

131. Thomas Moore. L'Epicurien, traduit par Henri Butat. Les vers par Théophile Gautier, préface d'Edouard Thierry. Dessins de Gustave Doré. Paris, Dentu, 1865 ; typ. Panckouke. In-8, xxxii-307 p.

Les vers traduits par Gautier figurent au tome II des *Poésies complètes*. Voir n° 14.

132. La croix de Berny, par Mme E. de Girardin, Théophile Gautier, Jules Sandeau, Méry. Nouvelle édition. Paris, Lévy, s. d. [1865]; Lagny, imp. Varigault. In-18, 317 p.

133. Le Palais pompéien de l'avenue Montaigne. Études sur la maison gréco-romaine, ancienne résidence du prince Napoléon, par Théophile Gautier, Arsène Houssaye, Coligny. Paris, au Palais pompéien et à la libr. internationale, s. d. (1866) ; Saint-Germain, imp. Toinon. In-8, 32 p.

Titre de la couverture. Celui de la brochure est seulement : Le Palais pompéien, étude sur la maison gréco-romaine, ancienne résidence du prince Napoléon. Paris, Palais pompéien, s. n. d'imp., s. d.
Rien n'est signé. La pièce de vers sur le sphinx qui avait remplacé le buste de Napoléon Ier, dans l'atrium, est sans doute de Th. Gautier. Elle a été omise dans les *Poésies complètes*.

134. Paris-guide par les principaux écrivains et artistes. Paris, Librairie internationale, 1868 ; imp. Poupart-Davyl. In-12, 2 vol.

Tome Ier (L'Art), p. 305-415 : Le musée du Louvre, par Th. Gautier.

135. Recueil de rapports sur les progrès des lettres et des sciences en France. Rapport sur le progrès des lettres, par MM. Sylvestre de Sacy, Paul Féval, Th. Gautier et Ed. Thierry. Publication faite sous les auspices du Ministère de l'Instruction publique. Paris, imp. par autorisation de son Exc. le garde des sceaux, à l'imprimerie impériale, 1868 ; libr. Hachette. Gr. in-8, 184 p.

Le rapport de Th. Gautier sur les progrès de la poésie, p. 65-141, a été réimp. à la suite de l'*Histoire du Romantisme*. Voir n° 83.

136. Les Ardennes illustrées (France et Belgique), publiées par Elizé de Montagnac. Paris, Hachette, 1868-1869 ; imp. Claye. In-folio, 2 vol.

Tome Ier, p. 115-133, Th. Gautier : Voyage d'exploration sur la Meuse sur le chaland *La Beaute.*

FIN

DIVISIONS DE LA BIBLIOGRAPHIE

EN VENTE CHEZ J. BAUR

Prosper Mérimée. Sa Bibliographie, par M. Maurice Tourneux, ornée d'un portrait gravé à l'eau-forte par M. Frédéric Régamey, d'après une photographie donnée par Mérimée à Sainte-Beuve ; in-8 carré vergé (100 ex.). . . . .   5 fr.

Le portrait seul, sur vergé ou sur chine libre.. . . . . . .   2 fr.

Le même portrait, sur grand chine libre, avant toute lettre et avant le biseau (15 ex.). . . . . 10 fr.

Prosper Mérimée, tour à tour en homme et en femme, d'après un des trois ex. connus de la lithographie de 1825, et d'après un dessin inédit de M. E.-J. Delécluze. Notice de M. A. P.-Malassis ; in-8, raisin, avec deux figures. (Tirage à 110 ex.). . . . . . .   6 fr.

Albert Glatigny. Sa Bibliographie, précédée d'une notice littéraire par M. Jules Claretie, et ornée d'un portrait gravé à l'eau-forte par M. Frédéric Régamey ; in-8 couronne vergé. (100 ex.). . . .   3 fr.

Le portrait seul, sur vergé ou sur chine libre. . . . . . .   2 fr.

Philothée O'Neddy (Théophile Dondey). Lettre inédite de Philothée O'Neddy, auteur de *Feu et flamme*, sur le groupe romantique dit des *Bousingos* (Théophile Gautier, Gérard de Nerval, Pétrus Borel, Bouchardy, Alphonse Brot, etc.). In-8 carré vergé (100 ex.). . . . .   3 fr.

Chine (10 ex.). . . . .   5 fr.

Bracquemond. Siége de Paris de 1870. Cinq eaux-fortes, avec notice de M. P.-Malassis. (Le bastion 84. — Bicêtre et les Hautes-Bruyères. — La route d'Italie. — La statue de la Résistance, de Falguière. — Le buste de la République, de Moulin.) In-4 vergé, dans un carton. . . . . 20 fr.

Alphonse Legros. M. Alphonse Legros au Salon de 1875, note
critique et biographique par M. P.-Malassis, ornée de trois gravures
du maître. In-4 vergé, dans un carton. . . . . 15 fr.

A propos d'une faïence républicaine à la date de 1868, par Paul
Rouillon (M. P.-Malassis). In-12, figure. . . . . 1 fr.

André Boulle. André Boulle, ébéniste de Louis XIV, par
M. Charles Asselineau. 3ᵉ éd. revue et complétée; in-8 carré vergé
(76 ex.). . . . . 6 fr.

Marivaux. Théâtre de Marivaux. Bibliographie des éditions origi-
nales et des éditions collectives données par l'auteur, par M. A. P.-
Malassis; in-8 couronne vergé (100 ex.). . . . . 6 fr.

 Papier de Chine (5 ex.) . . . . 10 fr

J.-J. Rousseau. La Querelle des Bouffons. — La bibliothèque de
J.-J. Rousseau. — Un recueil de pièces sur la Querelle des Bouffons
annoté par lui; etc., etc., par M. P.-Malassis; in-8 carré vergé
(100 ex.) . . . . 3 fr.

 Chine (6 ex.). 5 fr.

Louis XV et Mᵐᵉ de Pompadour peints et jugés par le
lieutenant des chasses du Parc de Versailles (Georges Leroy). In-8
couronne vergée (100 ex.) . . . . 3 fr.

PORTRAITS POUVANT ÊTRE AJOUTÉS A DES VOLUMES
DES FORMATS IN-18 ET IN-8

Charles Baudelaire, dessiné par lui-même et fac-simile par
Aglaüs Bouvenne; vergé ou chine. . . . . 2 fr.

Théophile Gautier, gravé à l'eau-forte par H. Valentin, d'après
Benjamin Roubaud, sur chine volant . . . . 2 fr.

Eugène Delacroix, eau-forte de Bracquemond, sur vergé. 2 fr.

Paris. — Typ. Motteroz, 31, rue du Dragon.

9 782019 952198